NALDO BENNY

NALDO BENNY

Cada vez eu quero mais

por Naldo Benny

Planeta

Agradeço a arte de viver em paz, que vem das mãos de Deus!
Eu tenho certeza disso. Obrigado à minha família, fãs e amigos
que me ajudam diariamente a escrever com sucesso cada capítulo
da minha história. Obrigado à equipe Benny Entertainment.
Thanks Zeca Camargo. Vamos nessa Editora Planeta!

SUMÁRIO

39

Alto, em cima!

77

Uísque ou
água de coco

INTRODUÇÃO

O telefone tocou: "Naldo, o cara quer te conhecer". Eu estava em Salvador, a caminho de Minas, mas me animei em dar uma desviada até o Sambódromo do Rio. Afinal, era o Will Smith, estrela de um dos poucos filmes a que assisti diversas vezes, *Bad Boy 2*, um cara de quem eu sempre tive uma imagem positiva.

Ele acabou se enrolando na avenida, e o encontro ficou marcado para o dia seguinte, no Hotel Fasano, bem na praia de Ipanema. Chegamos lá em plena terça-feira de carnaval, rua lotada, bloco passando... Na suíte do hotel, aquele monte de gente que sempre acompanha os atores de Hollywood, tudo muito normal. Foi só quando cheguei à varanda, onde Will estava, que a surpresa tomou conta, em forma de um furacão, de milhares de pessoas.

A multidão foi à loucura e o mais incrível: em segundos, da forma mais espontânea possível no meio de tanta gente, o bloco começou a cantar os versos de *Amor de chocolate*: "Alto, em cima, alto, em cima, alto, em cima, alto, em cima! Em cima, em cimaaaaa". Eu não acreditei! O Will pirou! Câmeras para todo lado – o vídeo teve milhões de acessos, literalmente –, e o meu coração disparou mais alto e em cima do que eu jamais tinha imaginado.

Nessa hora um filme passou na minha cabeça – uma história que começa como tantas outras, com um moleque que desejava ter uma roupa de marca ou um tênis bacana, uma trajetória comum como a de qualquer garoto da favela. Ali, porém, no coração da praia mais famosa do mundo, na varanda de um hotel de luxo, esse menino da Vila do Pinheiro estava deixando o superstar de Hollywood de boca aberta.

"1! 2! 3! 4!"

Um momento para não esquecer nunca mais.

Naldo Benny

SE JOGA!

Quando eu nasci, minha família morava na comunidade de Nova Holanda, no complexo de favelas da Maré, em Bonsucesso, subúrbio do Rio de Janeiro. Talvez você reconheça esse nome da música dos Paralamas – *Alagados* –, que fala das palafitas, casas feitas por cima da água, sobre estacas. Meu pai tinha um barraco assim, e, quando a maré subia, a água da baía de Guanabara entrava na nossa casa. No início dos anos 1980, o governo removeu as habitações e transferiu os moradores para a Vila do Pinheiro, uma área aterrada ali pertinho. Ganhamos uma casa de tijolo e alvenaria, e nos mudamos para lá quando eu tinha três anos.

Meu pai era soldador elétrico e minha mãe, dona de casa. Seu Manuel sempre foi um exemplo para mim: muito sério e trabalhador. E um sobrevivente: dos 21 filhos que meus avós tiveram, foi o único que não morreu prematuramente.

É da família dele que vem a tradição de Jorge nos nossos nomes. Meu avô era Pedro Jorge e meu pai, Manuel Jorge. Minha mãe tinha muito carinho pelo meu avô e respeitou essa onda. Lá em casa, os filhos homens seguiram a tradição; eu sou Ronaldo Jorge e meus irmãos se chamam Jorge Luís, Jorge Henrique e Rodrigo Jorge. Acho um nome forte e também batizei meu filho como Pablo Jorge.

As meninas são do time do S: Solange, Soleide, Sônia e Silvana. Fui o quarto filho, o primeiro homem, quando cheguei foi uma festa: três irmãs, pai e mãe desejando um menino, parecia o Moisés! Mas no dia a dia era mais um boneco delas, que se divertiam cuidando de mim.

Minha mãe, Maria Ivonete, se converteu depois que eu nasci. E a relação dela com a igreja evangélica nos aproximou desde muito cedo da música, os filhos seguem o exemplo dos pais. Eu me lembro de ir ainda molequinho com ela para a igreja, tinha uns cinco anos. Ela trabalhava como zeladora, e minha irmã Solange era a líder do coral infantil e me colocava para cantar ali. A família participava ativamente – quando tinha festa, minha mãe costurava as batas e outras roupas, e minha irmã coordenava tudo e escolhia os hinos para a gente cantar. Participávamos de uma caravana que saía de Bonsucesso, onde fica a Maré, e íamos cantar na igreja de Gramacho, em Duque de Caxias, era uma farra só a molecada no ônibus. O coral era muito bacana e dava para os meninos uma estrutura legal, mantendo as crianças longe das más companhias. Não precisava de teste para entrar, e, depois da primeira vez no ensaio, a gente marcava em cima para os garotos não desistirem. Íamos até a casa deles para reforçar o convite, marcando novos ensaios e fortalecendo o compromisso. Inquieto, eu vivia mexendo nos instrumentos, brincava com o violão, a bateria e o microfone, fascinado com o som da minha voz ecoando pela igreja.

Tenho a convicção de que essa experiência me ajudou muito a ter uma relação de fé com Deus que, junto com o respeito pelo exemplo dos meus pais, me protegeu e me deixou longe de um caminho ruim que estava muito próximo. Fui exposto desde cedo à realidade das drogas, assalto, roubo e crime, mas eu tinha muito medo de decepcionar minha mãe. E meu pai, que sempre nos ensinou que as conquistas vinham de trabalho e dedicação, também fez o que pôde para afastar esse cotidiano perigoso da gente.

Meu pai não gostava nem que a gente soltasse pipa; ele achava que a brincadeira aproximava as crianças do pessoal do crime. E na maioria das vezes era isso que acontecia mesmo; os meninos ficavam empinando pipa o dia inteiro no campo, e quando o sol baixava eles começavam a fumar maconha. Eu tinha um medo ferrado! Cheguei a brincar com pipa algumas vezes, mas passava a maior parte do tempo checando se meu pai estava vindo. Até hoje não sei empinar pipa direito...

Já futebol eu jogava bastante. E desde moleque era metido a administrador; eu reunia os meninos e pedia para cada um deles catar camisas brancas velhas com a família – irmã, mãe, primo... Sempre tinha alguém com camiseta velha pra passar adiante. Aí juntávamos um dinheirinho para pintar na camisa um número e um símbolo meio tosco do Flamengo e, pronto, estava criado um time! Fiz isso várias vezes.

Nosso uniforme surrado acabou despertando a solidariedade de um senhor lá do Pinheiro, que tinha o apelido de "Velho". Ele nos emprestou um kit de camisas para disputarmos o campeonato, mas nosso time venceu o dele. O Velho não aceitou a derrota, e o espírito solidário foi embora rapidinho. Ele entrou em campo, sacudiu o juiz pelo pescoço e arranjou um pênalti sobrenatural para garantir a vitória da sua equipe.

Apesar do tapetão eventual, o futebol não era, como a pipa, uma desculpa para o crime. Mesmo assim, a gente só podia jogar durante o dia, pois, quando começava a escurecer, já vinha um papo de guerra, e se adotava uma espécie de toque de recolher. Certos dias já às oito da noite ninguém ficava mais na rua, tal era o medo.

Na virada para os anos 1990, a coisa ficou ainda pior. Quando eu tinha 14 anos, o crime ganhou uma proporção gigante lá dentro da Maré. Praticamente todos os meus amigos eram do crime, barra-pesada, mão armada mesmo, e eu segurava a onda. Eu sempre gostei de trabalhar, com nove anos de idade eu saía de casa de madrugada para trabalhar como engraxate, nesse ambiente pesado de crime, bala perdida. Às vezes o ônibus encostava na rua e todo mundo abaixava dentro dele porque o tiro estava comendo. Minha mãe chorava quando eu saía de casa porque ficava com medo. E era por ela e pelo meu pai que nem sob essa pressão eu saía da linha.

Era impressionante o respeito que ele impunha: ninguém se atrevia a fazer boca de fumo em frente à nossa casa. Se percebesse algum movimento, meu pai ia para a porta e botava os caras para correr. Ele ainda não era evangélico como minha mãe, mas muito sério e responsável, nunca foi de festa ou bebida – a mania dele era jogar baralho e sinuca. Com isso eventualmente ficava até mais tarde na rua, mais de uma vez se enrolou com uma ou outra mulher fora de casa, mas nada sério. E mesmo não sendo festeiro também gostava de música em casa.

Não que ele tivesse muita chance: minha mãe monopolizava o aparelho de som com música evangélica. Mas quando seu Manuel tinha oportunidade de escolher, era um som romântico que ganhava a sala: principalmente Roberto Carlos e Amado Batista. Lembro que ele chegou a comprar para dona Ivonete um disco do Amado Batista no dia dos namorados. Há pouco tempo estive no programa da Fátima Bernardes, e o Amado Batista estava lá, contei para ele essa história, cantamos juntos, foi bem bacana relembrar esse momento romântico dos meus pais. Hoje, quem diria, meu pai está compondo e cantando. Atualmente mais na linha gospel evangélica, mas já fez canções de amor bem bonitas.

Outra referência musical dos adultos na minha infância era uma tia, irmã adotiva do meu pai, que curtia Zeca Pagodinho e Agepê. O marido dela tinha um emprego bom na *Globo*, ganhava bem, e comprava tudo quanto era disco novo que saía. Eu adorava ficar sentado no chão da casa deles, olhando os LPs e escolhendo a trilha sonora do fim de semana.

Minhas irmãs também eram ligadas em música. Além do coral da igreja e das canções evangélicas, Solange gostava do rei Roberto. Já a Soleide era mais pop: fã do Menudo, RPM, Michael Jackson. O Menudo foi uma verdadeira febre: quarto com pôster na parede, no guarda-roupa – porta de dentro e porta de fora –, disco para todo lado. Ela ia aos shows deles com os amigos, uma loucura. Sabe o que é uma fã alucinada? Essas revistas todas em que hoje eu saio, *Tititi*, *Caras*, *Veja* – ela tinha tudo do Menudo! Aquilo mexia com a minha cabeça, eu queria ser igual àqueles caras. Eu me lembro que uma vez botei uma roupa igual à deles, peguei uma blusa de escola, arranquei o botão, amarrei na cabeça e mandei ver no *Não se reprima*.

Além de curtir o som com ela – e ficar imitando os hits em casa –, eu já me ligava no aparato de show business desses artistas, achava mágico. A Leide comprava os discos e eu lia a ficha técnica, queria entender como aquilo funcionava. Esses eram grupos que iam além do som: tinha uma produção cuidadosa de figurino, coreografias, os shows eram verdadeiros eventos.

O Michael Jackson então era uma revolução: eu me lembro de cada lançamento de clipe dele no *Fantástico*, a gente parava tudo para ver. A estreia do *Thriller* eu assisti agarrado às minhas irmãs, com medo daqueles zumbis, mas fascinado com o suingue deles. Na rua era um fenômeno, todo mundo dançando como ele, e eu, moleque, já curtindo aquela comoção em torno de um cara que cantava, dançava e compunha. E vendia milhões de discos!

Nessa época comecei também a descobrir as rádios FM: *Transamérica*, *Cidade*, *Manchete* e *98,9*, e com elas entraram em cena Jorge Benjor, Tim Maia, Sandra de Sá e o pessoal do rock: Legião Urbana, Paralamas, Engenheiros do Hawaii.

Esse caldeirão de influências me deu uma base bem rica. Do ritmo e balanço do funk e da black music ao peso do gospel, passando pela raiz do samba, o espetáculo do pop e a sensibilidade mais romântica, que me inspirou a trabalhar sempre com melodia e, na época da adolescência, despertou aquela coisa bonita do amor, de escrever cartinha para a namorada.

Acompanhando cantores como Tim Maia no rádio, comecei a perceber que eu conseguia cantar com voz grave, na região dele, dentro do tempo, afinado. Conseguia imitar o uououou dele direitinho, e comecei a ter consciência do meu talento, quem sabe não daria para fazer disso uma profissão?

Comecei a soltar mais o canto na igreja. Um dia fiz uma segunda voz sozinho no meio de uma música, e todo mundo quis saber onde eu tinha aprendido, se eu estava estudando. Estava plantada a semente do sonho, mas eu ainda teria que ralar muito antes de ver essa vontade se realizar.

Primeiro ia precisar vencer uma certa timidez. Eu gostava de jogar bola, trocar figurinha de futebol, essas coisas de menino. Mas na escola já queria conquistar as meninas, e tinha que ter lábia! Com sete anos, eu fazia cartinhas com múltipla escolha no final: "Você quer namorar comigo? Sim ou não?", para marcar um X. Coisa de criança.

A época das festas juninas também favorecia: tinha a dança da quadrilha de São João, sempre rolava papo de namoradinha, essas coisas.

A primeira música que fiz para alguém foi em homenagem a uma professora. Eu tinha um carinho enorme por ela; morena, bonita, nova. E já moleque eu percebia que a música poderia ser um caminho para expressar o que eu sentia e me comunicar.

Acabei conseguindo namorar a mais bonita da turma. Namoro de criança: um beijo, dois beijos, era muito mais a sensação de saber que tinha uma namorada. E olha que nesse tempo eu era meio disputado... Outra coleguinha vivia atrás de mim, mandava carta, perfume, chegou a ir à minha casa, mas eu não queria nada com ela. Foram dois anos de paquera platônica, só na saudade.

Mais ou menos nessa época comecei a trabalhar para ajudar em casa. Com nove para dez anos fui para uma escola que tinha três turnos, e escolhi o último para trabalhar como engraxate de manhã. Era bem pesado, acordava de madrugada para estar no Centro da cidade cedo, e isso me fazia chegar morto de sono no colégio.

A professora chegou a chamar minha mãe para conversar, disse que eu era um bom aluno, inteligente, não criava problema, mas que dormia em sala, a cabeça caía na carteira e ficava assim até a aula acabar. Quando soube que eu saía de casa às 5h30 da manhã, ela entendeu e passou a ser mais compreensiva e cuidadosa.

O trabalho era também uma espécie de escola, iniciativa de uma instituição carioca chamada Casa do Menor Trabalhador, que oferece educação e oportunidade profissional para jovens. Eu fui para lá esperando trabalhar como entregador de jornais, mas acabei sendo escalado para a função de engraxate.

A gente chegava cedinho, e a primeira atividade era um café da manhã. Em seguida éramos informados onde trabalharíamos naquele dia, eram diversos pontos no Centro. Recebíamos treinamento e um kit com material, que era descontado do primeiro pagamento. Meu pai comprou para mim e não precisei começar perdendo. Estava tudo na mochila – três pares de escovas: uma grande e uma menor para usar com graxa preta, marrom e incolor; as três graxas, a flanela e o borrifador de água, que só pode ser usado em sapato preto ou marrom. Passei um ano nesse serviço, engraxando e fazendo música na minha cabeça com o som das escovas.

Os clientes eram o clássico do Centro da cidade: pessoal de escritório, sempre de terno e sapato social. Não consigo lembrar dos rostos, só olhava para os sapatos deles. A maioria dos meninos fazia o serviço correndo para pegar mais clientes, mas eu não acelerava com a graxa – trabalhava tranquilo para deixar bonito o sapato do freguês. Muitos voltavam exatamente por gostarem desse meu estilo menos afobado e mais caprichoso.

Nem todo mundo por ali, porém, gostava desse meu jeito mais tranquilo. Além de alguns colegas me acharem meio CDF, os pivetes do Centro davam bastante dor de cabeça para a gente. Sempre recebíamos a recomendação de não descer pela entrada do metrô da Carioca. Quando era dia de trabalhar ali, ficávamos eu e meu parceiro em duas cadeiras, uma de cada lado. Os garotos de rua, que ficavam por ali, roubavam para comer ou para comprar drogas, e nós éramos vítimas preferenciais. Uma vez, fugindo de um bando, meu colega chegou a quebrar o braço. Os pivetes vieram em cima de nós porque esse amigo estava com um boné bacana, que a mãe tinha dado de presente, todo chamativo, cor de abóbora fluorescente.

O "fogo amigo" também era sinistro. Como o projeto ficava perto do morro da Providência, outra favela bem violenta do Rio, vários meninos eram filhos ou parentes dos traficantes da área, e virei alvo de um moleque mais marrento. Filho do dono do morro, ele era um líder de quem todo mundo tinha medo, e um belo dia decretou que eu teria que fazer como ele e diversos outros, que roubavam parte do que recebiam pelo serviço. Na minha honestidade, eu acabava sendo mais bem ranqueado que a turma dele, e era escalado para engraxar nos melhores pontos por ter um bom desempenho de pagamento. O recado foi bem claro

– ou eu entregava menos ou ele me pegava de porrada. Metido, respondi que ele podia me pegar, mas teria que enfrentar também meu pai e minhas irmãs. Ele riu e me botou no meu lugar: minha família até podia me ajudar uma vez, mas não ficaria de plantão para me defender todos os dias. Engoli e travei parte do pagamento, mas fiquei com aquilo entalado. Estava indo contra o que aprendi em casa.

Volta e meia saía briga entre eles, e numa dessas, depois que eu passei rindo pelos "pugilistas", saí comentando que tinha visto um dos meninos apanhar. No dia seguinte, lá estava o marrento no meio da rua, às 5 da manhã, me desafiando a repetir o que tinha visto na frente de todo mundo. Eu sabia que o pessoal do projeto ficava de olho para evitar briga, chamavam os pais em caso de confusão, dava o maior problema. Mas nessa hora o caminhão que pegava jornal velho estava parado em frente à entrada, então aproveitei a barreira e meti três socos na cara do

Naldo quando criança na casa da família, na Vila do Pinheiro (RJ), em 1989.

Naldo e seus pais na igreja Assembleia de Deus,
no aniversário de casamento de seus pais, em 1992.

Naldo no parque ecológico.

Naldo e Henrique em frente a casa dos pais, na Travessa 51, famosa quebrada, em 1993.

Naldo e Lula, na casa da Solange, no Pinheiro, em 1994.

Naldo durante a Copa do mundo de 1994, em casa.

Naldo, "M" (um dos melhores amigos de infância do Naldo), Lula e Rodrigo em um parque ecológico no Pinheiro, em 1994.

Naldo e Pablo
na casa da avó, na Vila
do João, em 1998.

Naldo e seus pais, em 1998, no aniversário de um ano de Pablo, seu filho.

Naldo, Lula e Dudu Desiderati
(produtor da dupla na época), em São Paulo, 2001.

Naldo em São Paulo, 2001.

Lula em São Paulo, 2001.

Naldo, Lula e a turma do *Café com bobagem*,
no programa *Sabadão do Gugu*, em 2001.

Participação da dupla Naldo e Lula em show
de Sandra de Sá no Jockey Club, Gávea, 2003.

OPEL

FÃS DO NALDO

Naldo
Lula

moleque. Sangue no chão, muitos chutes, e de repente eu era o novo líder dos engraxates. O resto do meu ano por lá ficou bem menos tenso depois disso.

Além das aulas profissionalizantes, a gente tinha acesso, na Casa do Menor Trabalhador, a outros cursos, como um que fiz de massagem. Até hoje sou ligado nessa prática, gosto de ler livros que indicam os pontos, conheço os toques nos pés, faço direitinho.

Outra coisa bacana do projeto era um evento de fim de ano que eles organizavam. Minha formação é evangélica, mas eu curtia esse momento de Natal com padre e missa, a família participava, era bonito. Foi lá que dei meus primeiros presentes, um edredom para a minha irmã mais velha e um para minha mãe. A Sônia guarda o dela até hoje, outro dia mostrou num programa de TV.

Depois da Casa do Menor Trabalhador, fui ajudar meu pai na venda que ele tocava na frente da nossa casa. Era uma espécie de mercearia, com frutas, legumes, arroz, feijão. Ele sempre gostou de mexer com comércio, mesmo trabalhando como soldador. Eu ia com ele para a Ceasa cedinho fazer as compras e ajudava também no atendimento. Nessa área, porém, eu era péssimo. Pode acreditar, eu era tímido demais para vender!

A gente também vendia frutas numa Kombi, e por um tempo meu pai foi encarregado da Odebrecht, e eu ia vender nas obras deles, no Galeão, uns doces que minha mãe fazia. Outro bico de venda em Kombi rolou com um rapaz chamado Otávio, que levava biscoitos amanteigados para comercializar a peso no campus da UFRJ, no Fundão. No fim de semana íamos para feiras livres da Zona Sul, no sábado era o Largo do Machado e no domingo a Hilário de Gouveia, em Copacabana.

O Otávio era chefe de segurança no Aeroporto Santos Dumont, todo fortão, o apelido dele era Grande. Foi ele que me botou nessa de academia, de malhação, cheguei a pensar em ser policial. Mas, na vibe atlética, acabei curtindo mais o basquete.

Nessa época, a *Bandeirantes* começava a passar os jogos da NBA (National Basketball Association), e fiquei fascinado pelos craques gringos. Era a época do Michael Jordan, Scott Pippen, Denis Rodman, Karl Malone. Eu torci para o Chicago Bulls, e até hoje coleciono camisas e tênis deles. Cheguei a treinar no Olaria, e fui sondado por um olheiro do Fluminense, mas com a dedicação ao trabalho e à música não dava para mais essa empreitada.

Em seguida, comecei a mexer com refrigeração. Eu era ajudante de um rapaz chamado Tião, que gostava de trabalhar comigo porque eu ficava cantando as músicas do Gabriel O Pensador, era bem fã dele nessa época. A gente rodava o Rio no verão, consertando aparelhos de ar-condicionado, e eu ia no ônibus cantando e batucando. As músicas do Gabriel são longas, têm cinco, seis minutos, e o Tião se divertia: "Ronaldinho, canta Gabriel!".

Eu adorava fazer os serviços na Barra, achava bonito aquele visual de casas chiques, tinha vontade de ficar o dia inteiro consertando aparelhos, para ficar ali curtindo aquele visual. E as tias tratavam a gente muito bem, botavam o café da tarde no maior mesão: "Come, meu filho". Fiquei cerca de um ano nesse trabalho até que tive um acidente, torci o punho e tive que engessar o braço. Estava levantando o compressor de um aparelho de 40 mil BTUs, muito pesado, o colega que estava comigo não aguentou e a máquina acabou virando em cima de mim. Foi o fim da minha carreira na refrigeração.

O emprego seguinte era ainda mais pauleira. E continuava gelado, já que eu trabalhava num açougue, e o dia começava às 5 horas exatamente na câmara frigorífica. Eu tinha três horas de almoço, mas só ia embora às 21 horas. Era o dia inteiro cortando e limpando carne, desossando os bois e carregando os ossos de triciclo para o local onde o caminhão passava para levá-los embora. Lula e eu já tínhamos gravado um primeiro disco independente, e as mesmas pessoas que nos conheciam dos bailes em que a gente cantava me viam todo sujo com roupa de açougue. Nunca tive vergonha, sempre tive muita garra, e isso se estendeu para a música também.

ALTO, EM CIMA!

Encarar a música como profissão demorou mesmo um pouco. É difícil assumir um caminho mais ousado quando você tem que se virar desde cedo. E eu era o mais velho dos filhos homens. Isso me dava um senso maior de responsabilidade e a percepção de que eu teria que construir meu caminho com minhas próprias pernas, não tinha ninguém para fazer isso por mim. Meu pai trabalhava muito e volta e meia ia direto jogar, chegava em casa de madrugada. Ele sempre foi muito presente, mas não tinha tempo para cuidar da nossa educação, não marcava em cima das nossas notas nem vigiava o desempenho escolar.

Seu pagamento garantia a comida dentro de casa, mas não sobrava para gastos fora do básico de uma família com oito filhos. A vontade de comprar uma roupinha mais bacana era um estímulo para trabalhar mais, além de reforçar o orçamento de casa. Meu irmão Lula, três anos mais novo, sempre foi muito grudado comigo e também queria poder comprar umas paradas maneiras. Tudo o que eu conseguia para mim era dividido com ele, eu sempre dava um jeito de incluir algo para o Lula na minha sacola. Minhas irmãs também estavam desde cedo na labuta, em grandes fábricas de costura, como a Dupont.

À nossa volta, nem todo mundo acreditava em trabalhar para consumir. Muitos garotos que cresceram com a gente foram seduzidos direto para o crime, sem nem tentar algum tipo de caminho honesto. Outros chegaram a ter emprego, mas, além de usar o salário para comprar droga, assim que eram demitidos entravam para o movimento, traficando ou roubando para poder seguir com o vício. Não foram poucos os amigos de infância presos ou mortos. Essa é a realidade da favela, em que a falta de perspectiva acaba sendo mais forte, impedindo gente de talento e bom caráter de seguir uma trilha de boas oportunidades. Muitas vezes essa oportunidade até surge, mas a pessoa não tem estrutura para abraçá-la e desenvolver um dom ou projeto profissional.

Isso só reforça a gratidão e admiração pelos meus pais, exatamente por terem conseguido nos dar essa estrutura, mesmo com tudo jogando contra. Vejo cada vez mais essa falta de respaldo familiar destruindo vidas, o que só piora a cada geração. Graças a Deus tive dos meus pais o apoio e a base, tanto de valores quanto de exemplo. Eu falo incansavelmente da minha mãe e sua ligação com Deus; acredito que isso me fez temer a Deus, e respeitar minha mãe e meu pai, que, mesmo com suas escapadinhas, era um cara trabalhador e muito correto.

Quando eu tinha cerca de uns 13 anos, ele, que não era muito de conversas profundas, puxou um papo que tomei como lição de vida, e que ficou martelando na minha cabeça como inspiração. A gente estava indo lá na Ceasa comprar frutas para o sacolão, e ele disse: "Você tem que tentar ter pelo menos uma coisa na vida em que você seja o melhor. Se não conseguir ser o melhor, pelo menos chegue perto disso, vá em busca de ser o número um". Na psicologia instintiva dele, usou um argumento bem convincente para um moleque que está entrando na adolescência: "Se você não for o melhor, as mulheres não vão te querer, você não vai ter um bom carro, você não vai ter grana". E foi falando assim, de uma maneira informal, que ele deu um dos grandes conselhos que eu viria a seguir.

Mas antes eu teria que convencê-lo a me deixar passar por algumas etapas fundamentais para chegar ao meu objetivo. Uma delas era permitir que eu fosse a bailes funk, onde eu ia conhecer melhor um ambiente musical no qual eu andava de olho. Eu já tinha percebido que conseguia alcançar timbres e notas dos cantores do rádio e já impressionava a turma do coral da igreja, ao mesmo tempo que meu irmão já se aventurava para os lados dos DJs e MCs, começando a circular nesse universo.

Lula frequentava reuniões no Beco da Sardinha, no Centro do Rio, onde todos os funkeiros se juntavam. O pessoal das rádios também batia ponto por lá, e grandes contatos eram feitos, parcerias nasciam. Meu irmão chegou a formar uma dupla, e escrevia ainda raps para concursos.

Mesmo ligado à igreja evangélica, eu tinha vontade de ir ao baile para dançar, era disso que eu gostava. Meu pai sabia que, como em qualquer festa, não era só música e dança: tinha droga, bebida, confusão. Enfim, perigo! Mas ele acabou cedendo depois de muita insistência, e, além de finalmente poder dançar, comecei a escrever músicas também.

Era a época das duplas: Claudinho e Buchecha, William e Duda, Cidinho e Doca, Coiote e Raposão, Danda e Tafarel... Quando o Lula desfez a dele, eu estava na fissura para seguir esse caminho. Começamos a trabalhar juntos, gravamos uma fita cassete em casa com base volt mix, e levei para uma rádio comunitária da Maré. E foi ali, na FM 105,9 e no alto-falante do morro do Timbau que a nossa música tocou no rádio pela primeira vez. Caramba! Aquilo me deu força para seguir adiante. Esse rapaz que cuidava da rádio Maré, por quem eu tenho a maior gratidão, foi assassinado. Mais um caso de talento perdido para o caminho do crime.

O funk na época era mais pesado; as letras seguiam a linha da porrada ou sacanagem, não tinha sutileza ou romantismo. Não era exatamente a nossa praia, mas era o que fazia sucesso. Eu sempre tentava puxar os versos um pouco mais para "censura livre". Minha irmã Sônia percebia que a gente se diferenciava dessa onda violenta e nos deu um toque decisivo. Ela disse que a gente não combinava com "aqueles MCs que cantam um monte de coisa estranha, se vestem de doido", e que devia virar para uma pegada mais pop, que tinha mais a nossa cara. Ela sempre teve bom gosto, sabe cantar e tem a sensibilidade feminina, que é um ótimo farol. Tem a idade mais perto da minha, sempre fomos muito próximos. Ela chegou a amamentar meu filho Pablo quando ele era bebê.

E foi perto do seu nascimento, conversando com a Sônia na casa dela, que resolvemos seguir profissionalmente com a dupla. Ela instigou a gente, sugeriu que esse podia ser o caminho para um futuro melhor. "Você compondo ainda tem a vantagem de não depender de ninguém para fazer música para vocês", ela completou. Tocar no alto-falante da Maré não seria mais suficiente.

Nossa primeira tentativa de avançar como Naldo e Lula foi ali mesmo, na Vila do Pinheiro, com dois primos chamados Celinho e Costa. Gerente de empresa, o primeiro circulava pela comunidade com jeitão de bem-sucedido, me pareceu a pessoa certa para pedir algum apoio. Deixei com ele uma fita, e por vários dias não tivemos nenhum retorno. Resolvi passar na casa dele para ver o que ele tinha achado do som e se tínhamos a chance de ter dele algum tipo de ajuda ou patrocínio. A primeira notícia não parecia boa – ele não tinha ouvido o material. Mas isso seria o de menos: ele recomendou que eu arranjasse um estúdio, estava certo de que a gente ia estourar e queria ser nosso empresário.

Pensei que seria apenas uma música, mas gravamos um disco inteiro. Costa e Celinho não estavam brincando, quiseram que a gente fizesse aula de canto e dicção com uma professora que morava no Grajaú. Mais do que uma orientação fonoaudiológica, ela também enriquecia o nosso vocabulário e ajudava a gente a se comportar melhor socialmente, dando uma espécie de polida na dupla.

Para nós foi muito importante, esse treinamento foi mais um recurso que nos diferenciou das outras duplas. O funk era muito tosco nessa época, a qualidade era muito baixa em tudo, desde a afinação até o português. Os caras não sabiam se portar em frente a uma câmera; ela focava e eles não olhavam, não sabiam falar. E quando arriscavam era um tal de "craro, o pobrema, nós vai, menas" etc. E cantando era uma desafinação só, era generalizado o negócio, uma qualidade muito ruim.

Curiosamente isso fez com que nós demorássemos a estourar porque éramos muito "certinhos". Quando íamos para o palco, estávamos arrumados, a gente cantava afinadinho, não era aquela coisa de gritaria. Usávamos Redley, Taco, Toulon, tinha uma produção. Não fazíamos o tipo manés de boné para trás falando um monte de absurdos. Eu ficava lendo o dicionário para encontrar palavras mais rebuscadas para colocar nas músicas. Eu me lembro de um jantar em que a secretária executiva de um figurão veio me perguntar de onde eu era e se surpreendeu ao saber que eu morava numa favela em Bonsucesso. Mais que um "banho de loja", esse polimento foi uma repaginação que influencia até hoje minha carreira. A ideia dos empresários era nos preparar para ficar no topo, uma vez que chegássemos lá.

O caminho para isso, porém, seria longo e não acabaria como a gente estava planejando. O início do percurso incluía roubadas como um show no Andaraí, no morro do Macaco. Íamos nos apresentar num baile, mas antes de subirmos ao palco fomos dar uma entrevista para um jornal de funk. Quando voltamos para o local do espetáculo, o caos estava instalado: o pessoal do morro do Café, ali perto, estava metendo bala no clube. A gente olhando e gritando, e o tiroteio comendo, pessoas caindo mortas e feridas, um horror. Nem um membro da equipe de palco sobreviveu.

Outra morte interrompeu nossa parceria com Celinho e Costa. Logo depois que acabamos de gravar o disco, Celinho faleceu. Um baque e um freio, pois nunca recuperamos essa gravação. A esposa do dono do estúdio, que era professora de canto formada, se compadeceu e passou a me dar aulas de graça aos sábados, na hora do almoço. E eu fui trabalhar na loja de doces da Rodoviária, a Ponto de Bala.

Acostumado desde sempre à ralação, tentei não desanimar, bola pra frente. Uma nova oportunidade parecia promissora, consegui marcar a apresentação das nossas músicas para um produtor que gerenciava uma caravana de MCs e poderia trabalhar a nossa dupla. Nos arrumamos no melhor figurino, pegamos um ônibus com nossa pastinha, andamos mais de uma hora no engarrafamento para ir de Bonsucesso à Vila da Penha. Na hora em que descemos, caiu um temporal que nos pegou desprevenidos. A gente ficou com medo de o caderno de músicas borrar com a água e perder as letras. Algumas delas nós tínhamos já gravadas para mostrar, mas eu escrevia uma música por dia, tinha muita coisa que eu não ia conseguir lembrar depois.

O tal produtor nos recebeu supermal. A casa dele não tinha varanda, só um quintal para a gente atravessar e se molhar ainda mais, depois que ele se dignou a finalmente abrir o portão, apesar de termos marcado hora e sido pontuais. Ao entrar na casa dele, a gente sentou e tudo estava molhado, e ele reclamou, grosseiro, desandando a falar que era responsável pela caravana tal, que administrava uns trinta MCs e blá-blá-blá. A gente ficou ouvindo um bom tempo ele falar de si próprio e contar vantagem, cheio de vaidade, até que perguntei se ele podia ouvir a nossa música. A resposta veio com arrogância: "Não sei se vocês perceberam, isto não é um estúdio musical, é uma casa". Para mim, aquilo ali acabou com a luz. Eu estava todo molhado, o caderno molhado, o cara falando do umbigo dele, sem o menor interesse na gente. "Como vamos falar de música se você não ouvir o que a gente canta?", perguntei. Ele ainda nos deu uns três ou quatro coices até resolvermos ir embora.

Tempos depois, já com uma música tocando no rádio, demos entrevista para a seção de bairros do jornal *O Globo*. O tal produtor pegou o contato na matéria e ligou para o meu irmão, todo interessado em falar com Naldo e Lula. No que ele se identificou, meu irmão não resistiu e devolveu a gentileza: "Aqui é o Lula, você não lembra da gente? Claro que não, quem bate esquece. Estivemos dentro da sua casa e agora é você que está atrás da gente. Não temos interesse nenhum em trabalhar com você depois de termos sido esculachados e levado todo tipo de fora seu".

Mas, voltando ao choque da morte do Celinho, me lembrei que, antes de falecer, ele tinha comentado que mostrara nosso trabalho para um produtor famoso, conhecido no Brasil inteiro, o Bira Haway, e que ele tinha gostado do som. Não sosseguei enquanto não arrumei o telefone dele; o Liomar, colega da Ponto de Bala, que era vocalista do Pique Novo, conseguiu para mim. A sorte parecia estar do nosso lado – descobri que o orelhão em frente à loja estava ligando de graça e mandava ver, telefonando sem parar para o celular do produtor. Coisa de Deus! Nesse tempo, telefone era coisa cara, pouca gente tinha celular, e era necessário usar um cartão pré-pago (que durava um minuto falando com celular) para ligar do orelhão, que era o telefone público da época.

Perdi a conta de quantas mil vezes liguei para o bendito número do Bira Haway. Semana atrás de semana, e nada de o infeliz dar qualquer retorno. Ele enrolava, dizia que ia ligar de volta, que falava comigo na outra semana. Eu nem pensava em desistir, era dedo discando sem parar, por uns seis meses. Até que finalmente ele atendeu e disse: "Vem aqui hoje porque você deve ter algo muito importante pra mostrar. As músicas que você tem aí devem ser muito boas para você não desistir. Tem uns seis meses que você me liga, né?" Não precisou falar duas vezes. Liguei na mesma hora para o Lula e pedi para ele passar em casa e pegar minha pasta com o nosso material.

Nesse dia, parecia que o céu estava se abrindo para nós. Meu irmão me encontrou na Rodoviária, e pegamos o ônibus 179 para a Barra, onde ficava o escritório do Bira. Chegamos lá, e ele não deu muita confiança: "Tu que é o Naldo? Canta aí". Nem olhou para mim.

Comecei a cantar e ele ficou batendo o ritmo na mesa. Ouviu um pouco e falou: "Isso é hit!" Pegou o telefone e ligou para a EMI, eu nem sabia o que era gravadora na época. Em pouco tempo, chegou um carro da companhia com três pessoas e um contrato pronto para a gente assinar: "Vam'bora fazer o disco!" Já tinha alguém de marketing para fazer entrevista, perguntou o que minha mãe fazia e decretou: "Pode falar para ela parar de vender Avon porque a vida de vocês vai mudar".

A sensação foi bem essa de virada: fomos para um estúdio bacana, gravamos, e o Torcuato Mariano, diretor artístico da EMI, nos contratou. Eles trouxeram o Marcelo Mariano, o Ringo de Moraes, o Paulinho Guitarra, o William Magalhães, só nego muito casca-grossa, galera que hoje toca com Ed Motta, o pessoal da Black Rio, Djavan... Fizemos fotos para a capa, a divulgação do CD e o pôster. Luxo!

Só que... esse disco também não saiu. A gravadora teve algum tipo de problema com o Bira que respingou em nós, e, mais uma vez, o sonho era adiado. Ainda não era a hora de dona Ivonete abandonar os bicos nem de acreditar nas chaves de um apartamento em Jacarepaguá que Bira entregara para ela antes de sumir do mapa.

Estávamos, então, em 2000, novamente sem um projeto concreto. Mas tínhamos aprendido bastante com a experiência, já não éramos calouros no mercado. Trabalhamos um tempo com o empresário Bernardo Müller, que, animado com o sucesso do Bonde do Tigrão, queria que a gente fizesse algo naquela linha dançante. Ele acreditava que com isso conseguiríamos abrir a porta em outra gravadora, ajustando depois o som de volta para o que a gente gostava de fazer. Não tinha muito a ver com a gente, mas fizemos uma música chamada Chinelada, que fez certo sucesso e, como previa o Bernardo, nos levou para a BMG.

Os planos lá dentro eram ambiciosos, numa reunião de planejamento projetaram uma venda de 600 mil exemplares até o fim do ano para a nossa dupla. Mas mesmo com a projeção da Chinelada e um trabalho de cerca de três meses com a equipe, divergências internas interromperam mais uma vez nossa trajetória dentro da BMG. Aparentemente houve divergências entre o diretor artístico e o time que contratara a gente. Mais uma ducha de água fria ligada a uma gravadora, tudo isso foi me deixando calejado com essas companhias.

Mas não posso negar que elas nos deram empurrões. A rápida fase da EMI nos levou a uma temporada em São Paulo, na qual conhecemos o Claudinho e o Buchecha. Estávamos lá para divulgar o disco que acabaria não saindo nas rádios, e foi incrível encontrá-los. A gente era muito fã deles, eram os tops do funk carioca no Brasil. E era a vibe que a gente curtia, mais melódica, os caras faziam uma linha que valorizava o canto, não era aquela coisa gritada. Eles foram super-receptivos, e começou ali uma amizade muito bacana, com eles inclusive gravando uma música nossa.

No ano seguinte, 2001, a Chinelada tocava na rádio, mas a gente não tinha estrutura para aproveitar o potencial dessa exposição, eles nos viram parados e resolveram dar uma força: "Vocês já botaram a cara, já apareceram, estão com uma música estourada, vamos deixar vocês entrarem no meio do show e a gente dá uma grana a vocês". Por quase um ano, participamos das turnês e viagens deles. No meio do espetáculo, eles chamavam: "Temos uma surpresa, com vocês Naldo e Lula". A música era muito forte, um funkão meio doido, até na maneira de a gente cantar. E o público recebia a gente como se fôssemos MCs, o show dava uma explodida. A gente cantava umas duas músicas, e em seguida eles voltavam e seguiam com o show, com a plateia revigorada.

Com quase um ano de parceria, veio a tragédia, que quase me levou junto – eu ia voltar no carro em que o Claudinho sofreu o acidente fatal. Nesse ano em que acompanhamos o Buchecha e o Claudinho, eu acabei me aproximando bem dos dois, que estavam numa fase de vida parecida com a minha, casados e com filho pequeno. As esposas se davam bem, os meninos brincavam juntos. O Lula era solteiro e não participava tanto desse ambiente mais família.

No dia fatídico, já 2002, eu tinha ido com o Buchecha na van para o show, então achei que na volta devia acompanhar o Claudinho. Cheguei a levantar o banco para entrar, mas ele me disse para voltar na mesma van, ele ia ficar numa boa.

Nosso ônibus parou para um lanche, e a última vez que vi o carro dele passando foi na serra das Araras, na Dutra, enquanto comíamos bananas numa barraca. Alguns quilômetros depois, estávamos conversando quando vimos o Golf destruído junto a uma árvore. Foi horrível.

Logo depois, o mercado ficou muito ruim para o funk. As gravadoras recuaram, os grupos ficaram meio sem caminho, foi uma época de música muito ruim, sem melodia. Sentimos que não tinha espaço para o que a gente queria fazer.

Demos um tempo, voltei a estudar violão e teoria musical. Tinha estudado canto anos antes com a Adriana Rossi, e agora trabalharia a teoria com o professor Fabiano Monteiro, num curso da União Esportiva Vila Olímpica da Maré (UEVOM), projeto da Prefeitura com apoio da Petrobras, que oferecia diversas aulas para moradores da comunidade. Isso me trouxe mais segurança e estímulo, enquanto eu garantia o mês trabalhando nos supermercados Mundial, da ilha do Governador. Sempre compondo: volta e meia eu ia escrever no estacionamento, na hora do almoço.

Foi uma fase de experimentação – passei um ano como backing vocal de grupos de samba, participando inclusive de algumas gravações de discos.

Em 2005, uma nova onda de funk melody animou a gente outra vez. O MC Leozinho recuperava a melodia, e senti que esse era o caminho. Tive um incentivo muito legal nesse período do Nando, do Roupa Nova, um cara muito especial, que me trata com carinho de pai. Ele ficou impressionado com meu estilo mais romântico, surpreendente para o que ele esperaria de alguém que vivia num ambiente violento como o da Maré. "Lá dentro do Pinheiro você escreve essas músicas?", ele perguntou. "Crime, bala, tráfico, e você escrevendo isso?" Pois é! Ele ia produzir uma cantora, e conversamos sobre compor uma música para ser interpretada por uma vocalista bonita, mas que não tivesse aquele jeito agressivo de "vou te jogar no chão e te pegar todinha". Nando me desafiou a fazer algo que falasse de carinho, de dar atenção, ir de mãos-dadas ao cinema etc. E não acreditou quando eu disse que traria a música no dia seguinte!

Fui para casa, sentei no chão e escrevi. Letra e música. Liguei para ele e confirmei: "Amanhã estou indo te mostrar". *Depois do amor* era exatamente o que ele encomendara:

> Eu quero mais, um pouco mais.
> Depois do amor quero um carinho
> Um abraço
> Me dá, por favor
> No meu romantismo

Não vejo problema
Te faço um pedido
Me leva pro cinema
Você não vê, não consegue entender
Eu quero atenção, em vez de prazer
Me pegue no colo, diga que eu sou sua
Andar de mãos-dadas,
Caminhar na rua.
Vem, não faz isso comigo
Eu preciso do teu abrigo
Meu bem, por favor, faz isso não
Eu preciso de carinho e atenção

A música foi gravada pelo Belo com a Perlla, e foi primeiro lugar em todo o Brasil. Como compositor, me trouxe maior respeito e uma grana interessante. E foi a deixa para Lula e eu retomarmos a parceria. Nosso sucesso seguinte foi *Arrumei um amor,* conhecida também como *Tá surdo,* uns dois anos depois. Essa nós levamos para um DJ que trabalhava numa rádio, e ele disse que não a escutaria. Ficamos meio cabreiros, mas aí veio a surpresa: a música no ar, abrindo o programa e estourando de vez!

Em seguida, emplacamos *Me chama que eu vou* e *Como mágica*, que nos levaram ao *Faustão*, *Hebe*, *Vídeo Show*, *Estação Globo*, com a Ivete Sangalo, Eliana...

Continuamos nessa batida até chegarmos a 2008. Esse seria o ano da virada. Mas o destino mais uma vez ia bagunçar nosso sonho. E dessa vez com um baque que eu não sabia se seria capaz de superar.

Lula e eu estávamos finalmente conseguindo viver de música, e nesse ano tínhamos resolvido gravar nosso terceiro disco. O meu irmão dizia "sinto que é agora". Ele ouvia as músicas e vibrava, se surpreendia positivamente com cada uma delas. E depois do que a gente tinha passado, veio uma vontade de ir além da música pura, buscando um negócio diferente para esse CD. Queríamos subir o padrão da nossa apresentação, pensar em algo maior para o palco, um show com mais recursos, um espetáculo completo: música, dança, iluminação, tudo. Foi aí que a história da dança falou mais alto, e o Lula comentou que esse seria um diferencial a partir de agora. Já nessa pilha, eu tinha marcado aula de dança, então meu irmão prometeu ir comigo. "Esse é o caminho", ele disse, empolgado, e com aquela sensação de finalmente ter definido um novo rumo. Tivemos essa conversa quando começamos a colocar a voz no disco. No dia seguinte, porém, Lula não apareceu para gravar.

A gente ia se encontrar no fim da tarde, antes de ir ao estúdio, para um lanche. Como ele não chegou, comecei a tentar falar com ele pelo telefone, mas não consegui. Minha cabeça entrou em parafuso. Passei duas noites sem dormir à procura dele, e nada, até ser avisado de um corpo no IML, carbonizado, mas com características que combinavam com as dele. Fui o primeiro a chegar para o reconhecimento e o único a entrar para vê-lo.

Veio tudo ao mesmo tempo na cabeça. Não dava para pensar em nada, primeiro pela forma

NALDO
BENNY

NALDO BENNY EM GRAVAÇÃO DO VIDEOCLIPE
DA MÚSICA "SE JOGA" EM MIAMI, 2013.

Naldo Benny e Fat Joe.

Naldo Benny em gravação do videoclipe
da música "Deixa eu te pegar" em São Paulo, 2013.

Naldo Benny e Pablo (filho), 2013.

Dj Digo (irmão e Dj da banda) e Marcos Menezes (empresário) em show.

Naldo Benny, em 2013.

como foi. Não perdi meu irmão num acidente, ele foi assassinado, brutalmente assassinado. Eu tinha que segurar a onda dos meus pais, a revolta e a tristeza. Achei que não ia conseguir.

Fiquei uns quatro meses deprimido, me forçava a sair para o escritório apenas por achar que era o que o Lula desejaria. Mas ainda não tinha forças para reagir. Mais bem cercado na época pelas gravadoras, tive apoio da equipe e dos empresários, que me trataram com carinho e não pressionaram para que eu voltasse logo a trabalhar. Em conversa com eles, porém, tive o estalo e me lembrei da nossa última conversa, e ela me pareceu profética. Tomei-a como um recado para ir em frente, abraçar de vez a dança e seguir com um projeto ainda mais bem acabado.

Mais uma volta por cima. Não seria a primeira nem a última, mas sem dúvida a mais difícil de todas. E foi nesse clima que o *Na Veia* deslanchou.

Seguindo o Lula, a onda era toda dançante. Além de começar com as aulas de dança, mexi também no som, procurei outro caminho. Escrevi a música com uma letra diferente, já não era falando de amor, era mais sexy. Eu vim mais agressivo.

Depois de todas aquelas experiências ruins com gravadoras, eu agora queria ser o dono do meu próprio projeto, e ir em frente com minha equipe com o que eu e meu irmão acreditávamos, e com o que tínhamos aprendido nesse tempo no mercado. A minha história a partir desse momento aconteceu entre mim e Deus, retomando o papo com o Lula e botando na rua o que a gente tinha sonhado por tanto tempo.

Peguei a grana que eu tinha juntado com os direitos autorais de *Depois do amor* e *Como mágica*, e banquei a gravação desse novo CD. A turma da música já conhecia a gente, os caras de rádio, locutores, diretores etc. Até em São Paulo o pessoal do mercado conhecia a gente, faltava conquistar o povo. Além de investir na dança e num figurino mais trabalhado, comecei a participar também de apresentações com a Furacão 2000, paralelamente aos meus shows do *Na Veia*.

O esquema da Furacão estava longe do ideal, mas me dava projeção, ajudava a divulgar o disco em outros ambientes. Eu fazia show para eles a R$ 150. Pelo meu solo, eu recebia R$ 2.000, eram uns três ou quatro por noite, e fazia pelo menos um para eles. Mesmo recebendo R$ 150, se eu deixasse de fazer o deles, ficaria devendo R$ 2.000 por esse furo. Bela matemática, não?

De qualquer forma, eu estava aproveitando da melhor maneira esses eventos da Furacão, e, após um tempo me apresentando sozinho, fui levando os elementos do *Na Veia* também para lá. Coloquei dois dançarinos, um guitarrista e meu irmão caçula Rodrigo, que já era meu DJ. O início dele, aliás, foi bem engraçado, ainda criança em casa, sentado no braço do sofá, marcando o ritmo com panela, lata de leite, colher de pau, o que fosse. Eu cantando e ele acompanhando certinho. Cada um ganhava apenas R$ 50 por apresentação.

Num desses shows, que estava sendo gravado, eu pirei e levei um rapel. Desci no meio do espetáculo, uma loucura. Mas meu número foi cortado da edição do vídeo. Ainda assim, outra cantora foi atrás da equipe do rapel para contratá-lo e usar no set dela. No ambiente da Furacão, eles não entendiam minha vontade de ser diferente, me criticavam por "querer fazer um negócio com violão, sem assumir que eu era igual aos outros MCs". Para muitos deles, entrar com um tamborzão no palco estava de bom tamanho.

Não era o que eu queria, desde os primeiros shows com o Lula a gente já pensava alto. Minha influência vinha de grandes *showmen*, eu queria o pacote completo, com música, roupa, luz, dança, todos os detalhes. A gente não se identificava com essa figura do funkeiro, da dupla de MCs de antigamente, os dois com boné, paradões, lalaô. A gente tinha a essência do funk, mas viajava com a coisa do espetáculo, do show.

O *Na Veia* foi bombando cada vez mais, e eu pude ir adotando essas ideias. Fiquei muito abalado pessoalmente com a morte violenta do meu irmão e parceiro, mas, profissionalmente, meu trabalho estava crescendo a passos largos. Novos hits nasceram, como *Chantilly*, *Exagerado* e *Amor de chocolate*, e os discos ao vivo registravam a plateia indo à loucura nas apresentações. A gravação do DVD foi uma explosão, o show estava bem amadurecido, com todas as inovações estabelecidas as quais ninguém acreditava, desde os dançarinos aos fogos e a roupa de LED. Antes mesmo de o DVD chegar às lojas, a música gravada com a Preta Gil, *Meu corpo quer você*, também estourou nas rádios, e nada parecia capaz de parar essa escalada.

Me ajudou muito também trazer oportunidades de trabalho para tanta gente. Uma sensação boa de cuidado com a responsabilidade social que vem com essa estrutura toda, muitos profissionais que hoje trabalham comigo, além da minha família, a qual ajudo, e inúmeras pessoas que indiretamente se beneficiam dessas oportunidades.

Além de investir na dança, nos shows e gravações, tenho ainda um corpo de dança, o Reflexo

Urbano, ao qual me juntei e do qual me tornei uma espécie de líder. Os dançarinos também são b-boys, fluentes nos movimentos de break dance. Com o grupo, passei a trabalhar também com dançarinas, que deram uma cara nova aos shows. Essa foi uma necessidade que senti depois de um tempo. No início, trabalhava só com homens, até porque era um lance mais voltado para a black music mesmo, aquela coisa do hip hop com elementos de saltos, de break, não combinava com shortinho curto e pozão. Mas a produção dos DVDs me fez querer aumentar e diversificar o visual nas coreografias.

O corpo de dança fez bem para mim não só em termos de opção no palco, mas os movimentos que tive que estudar e executar foram benéficos também para a saúde e a forma física. A gente treina semanalmente. Não consigo estar em todos os treinos por conta dos ensaios e viagens, mas procuro me exercitar sempre com basquete, corrida na praia ou na academia, malhando quase que diariamente, no mínimo cinco vezes por semana.

Hoje o corpo de dança está formado. Vira e mexe alguém viaja, tem dançarinos que participam também de outras companhias, que rodam o mundo inteiro. Não me vejo fazendo nada no palco que não envolva dança. A descoberta dessa energia em cena foi definitiva no conceito do que quero estar sempre fazendo: cantar sempre com um número, com meu corpo em movimento. Depende muito do espaço físico, em palco grande já entrei com mais de vinte dançarinos e b-boys.

O DVD foi disco de ouro e uma das lembranças que fazem tudo valer a pena, que dão sentido à ralação. O sofrimento e a dor da perda é a imagem da minha mãe pegando nas mãos o disco de ouro e olhando nos meus olhos. Chorando, ela disse: "Meu filho, eu sempre acreditei". Esse foi mais um daqueles momentos em que o filme passou na minha cabeça, e eu me vi andando lá dentro da favela na expectativa, em busca de conseguir gravar uma música, pedindo uma chance para tanta gente.

É uma sensação muito boa e tranquila ter chegado tão longe, especialmente por ver que várias decisões certas foram tomadas por mim e meu irmão ao longo do caminho. Dá orgulho ver que aprendemos com alguns erros, e que nos preparamos para consertar tantos outros que ainda possam aparecer. Saber que essa trajetória foi construída do meu jeito, e que valeu a pena acreditar no que parecia impossível. Além de comprovar que Deus não me abandonou, me permite curtir o que conquistei com trabalho e dedicação sem culpa, sabendo que ralei demais para chegar até aqui.

Hoje consigo entender como é a sociedade fora da favela onde vivi. Uma realidade em que o pai já tem uma condição que veio do avô, e pode colocar os filhos para estudar em uma escola legal, depois cursar uma faculdade, ter uma boa formação, escolher como vai ser o seu futuro e seguir passando o mesmo para seu filho, sem conhecer o outro universo simplesmente porque nunca cruzou com ele.

Para o pobre, o que resta? Dificilmente ele consegue alcançar esse outro mundo, talvez venha a ter uns três ou quatro filhos, que também não vão atingir um bom grau de escolaridade. A compreensão disso me faz valorizar ainda mais o lugar aonde cheguei, sem apoio nenhum e sem uma instrução formal.

Essa minha verdade me fez ser o homem que sou, e não tenho vergonha nenhuma de ficar amarradão num boné ou num tênis, porque dou valor a essas coisas sem deixar de lado o respeito pelo outro ser humano. Na minha infância, eu ia à igreja com a minha mãe, e uns moleques mais velhos do que eu me excluíam da roda porque o papo deles era roupa de marca. Isso na igreja, com garotos de uma condição talvez um pouco melhor que a da minha família. Aquilo me marcou, me mostrou como não se deve tratar o outro. Viver isso na pele foi muito educativo.

Na época em que trabalhei na UFRJ, via aqueles playboys que iam para a festa ficar chapados de cachaça e maconha, com o carro que ganharam do pai assim que passaram para a faculdade pública. Esses são uns imbecis, que não conhecem o outro lado porque não têm mesmo interesse no que é diferente deles. Eu passei pelo que passei, às vezes tendo que vender bolinho e cocada para a gente ter um dinheirinho a mais dentro de casa. Acordava às 5 horas da manhã para ir com meu pai à Ceasa comprar fruta para vender... Hoje tenho o respeito de todo mundo da música, da minha equipe, e posso me orgulhar do rumo que segui, com tanta tentação pelo caminho. Acho que o principal de tudo, além da garra e da perseverança, é não decepcionar minha mãe, sempre tive essa preocupação.

A família e Deus sempre foram meu norte, e agora é muito bom ver que consigo inspirar também gente que não conheço. Outro dia eu estava almoçando e um rapaz saiu do açougue para falar comigo, disse que é meu fã e que minha vida é um exemplo para ele, que trabalha e vai fazer um curso de piano. "Se você conseguiu, posso conseguir também", ele disse. É a minha história servindo como uma espécie de bateria, onde as pessoas podem "carregar" seu sonho de uma vida melhor já meio gasto. Por isso, hoje não me sinto um cara babaca pelo que tenho.

Agradeço muito a Deus por morar numa casa legal, ter um carro bacana, minha carreira. Porque sei o quanto foi difícil, e quantas pessoas estão brigando para ter menos que isso, sem conseguir.

UÍSQUE OU ÁGUA DE COCO

Um dos maiores prêmios de todo esse sucesso tem sido a oportunidade de me aproximar da cultura americana, que sempre me inspirou tanto. Além do encontro com Will Smith, fiz gravações com Flo Rida e Fat Joe, estive com a crew do Notorious B.I.G., fui ao estúdio de Dr. Dre e até à casa do Chris Brown, que infelizmente não estava por lá. Dá para imaginar o quanto isso é a realização de um sonho? Quando desembarquei pela primeira vez nos Estados Unidos, eu chorei!

Desde pequeno fissurado por Michael Jackson e outros ídolos blacks, me lembro de ficar namorando as ruas americanas por câmeras da internet e de estourar uma linha de telefone de tanto ligar para um número parecido com o que aparecia na capa de um disco do Boyz II Men, só para ouvir o pessoal atendendo em inglês!

Quando um professor de música me mostrou pela primeira vez o Usher, eu pirei com aqueles vocalizes. Na época, eu estudava técnica vocal: respiração, dilatação de costelas, é por isso que hoje canto e danço sem ficar rouco e ofegante. E vendo o DVD do Usher, veio muito do que eu viria a tentar fazer também: aquela vibe de Michael Jackson, mas num clima totalmente de rua: sempre de tênis, jeans e camiseta de malha e óculos, às vezes um casacão. Fiquei muito impressionado com aquilo. Depois, eu vi o surgimento e ascensão do Chris Brown e fiquei mais amarradão ainda. A partir daí, fui conhecer outras coisas, e até um black mais clássico: Keith Sweat, Bobby Brown, Whitney Houston, Mariah Carey; o Celinho e o Costas.

A influência disso tudo no meu som é clara: mesmo quando Lula e eu estávamos ligados à cena funk, sempre tivemos uma pegada mais pop e com elementos de black e soul music. E esse foi um diferencial bacana para conseguir um espaço legal, acho que eu soube aproveitar essa brecha do mercado para um artista na linha americana com a nossa língua e o jeito brasileiro.

Sinto também que isso me aproxima dos artistas de lá, que percebem o entendimento que eu tenho da música e da cultura deles, dando o meu tempero ao que eles criaram há algumas gerações. Eu nasci na favela onde nego matava, igualzinho ao Fat Joe e ao Jay-Z, e também estou aqui dançando e cantando. A gente tem algo em comum, por que a linguagem da música é universal.

As diferenças, a gente vai trabalhando. A temperatura lá é outra, tem regiões frias pra caramba, aqui é quente, o brasileiro quer se mexer, já acorda pulando. O próprio sol já te traz alegria, tem essa coisa da natureza como a dança da mulher daqui, que tem todo um molejo que eles também não têm. A música só ajuda o que o brasileiro tem de melhor, o corpo, a dança. Aqui não funciona ficar nas músicas sempre lentas. Tem que fazer a galera dançar. O povo curte seja samba, funk, o que for. Por isso eu filtro, do que vejo lá fora, o que acho que dá para usar aqui. Tem que ter olhar meio clínico, ter um arranjo muito parecido com o americano, estar vestido mais ou menos como eles, mas a letra precisa ser nossa, com a linguagem que o moleque da favela vá curtir. Então, eu gosto de estar ligado em tudo o que eles fazem lá, desde o clipe que eles colocam na internet até um programa, um documentário, um disco novo. Meu papel como artista é usar a minha criatividade para uma coisa que use todos esses elementos e gere uma novidade.

O João Augusto, dono da minha gravadora, um cara de histórico pesado (lançou Bruno e Marrone, Falamansa, Mamonas Assassinas, apresentou a Marisa Monte para o Carlinhos Brown), sempre comenta que o que eu consegui lá é inédito. Não só gravei com os caras como fiquei amigo deles; me hospedo na casa deles quando estou por lá, recebo os caras aqui no Brasil. Lá no estúdio deles parece que estou em casa. Quando estava num estúdio gringo, gravando para o meu último DVD, eles não acreditaram quando largaram a base para eu ouvir e saí improvisando em cima, com a métrica do hip hop deles, mas fazendo melodias brasileiras. Os caras ficaram malucos com aquilo!

Se bem que, maluquinho mesmo, fiquei eu chegando lá pela primeira vez. Desde a minha época com a galera do funk, já tinha gente prometendo me levar para lá, e eu nem tinha passaporte. Quando finalmente tive grana para viajar, me emocionei já ao tirar o visto. E quando aterrissamos em Miami, onde eu daria meus dois primeiros shows nos States, eu comecei a chorar. Meu irmão Rodrigo, que trabalha comigo, me acompanhou. E também ficou doidinho, a viagem inteira de olho nos carros maneiríssimos de lá. E em Nova York a cereja do bolo: nossa primeira neve, em plena Times Square!

Depois de anos de fissura, não deu para resistir: quando me vi num shopping de Miami, saí do sério. O carrinho de compras transbordava, com tênis, boné, roupa, tudo caindo pelos lados. Resultado: voltei com muitas malas. Mas antes gravei meu primeiro clipe nos Estados Unidos, *Minha Cinderela*. E foi lá também que gravei *Se joga*, com o Fat Joe.

Em Nova York a onda foi mais de lazer, com uma ou outra visita a rádios e diversão com a neve. Conhecer o Madison Square Garden, palco de grandes shows e partidas da NBA, foi incrível, mais um sonho realizado. Ano passado marquei minhas férias na época do *All Star Game*, e fui a Houston só para ver a partida. Esse é um jogo anual, amistoso, no qual os melhores do Leste enfrentam os maiores craques do Oeste. Eu vi jogarem juntos Lebron James, Kobe Bryant e Kevin Durant. O Lebron tive a oportunidade de conhecer em outra viagem, assim como o Tony Parker. E ainda deu para ver shows da Alicia Keys e do Ne-Yo. Na adolescência, eu torcia para os Chicago Bulls, mas agora sou Miami Heat, pela simpatia que desenvolvi pelo pessoal de lá e por causa do Lebron James. Mas guardo com todo o carinho a camisa dos Bulls do Michael Jordan que o Nando do Roupa Nova me deu.

O Leandrinho, brasileiro que joga na NBA, é outro que virou chapa, assim como o Anderson Varejão, que bateu um recorde recentemente, pegando 25 rebotes pelos Phoenix Suns, até cantei no casamento dele. Tive a sorte de conhecer muitas pessoas incríveis e famosas, as quais nunca imaginei. No futebol, sou bem próximo do Léo Moura e do Luiz Alberto, que era zagueiro do Flamengo e agora está no Náutico. O Ronaldo Fenômeno e o Adriano conheci há uns dez anos, os dois cantando uma música minha numa festa na Barra, adorei! Até nos apresentamos juntos no Faustão, eles falando de mim e do Lula, e a gente cantando, foi muito bacana. O Ronaldinho Gaúcho contratou uma vez o nosso show lá no Sul; estivemos na casa dele, que nos deu o maior moral. O Romário eu conheci em shows, mas depois do lançamento do DVD ele passou a se declarar fã. E o Neymar pediu para me conhecer, tirar foto comigo. Isso fora os caras do Boyz II Men, o Alexandre Pires, Claudinho e Buchecha... Gente que eu admirava e pude conhecer por causa do meu trabalho. Tudo o que meu coração pulsa muito para que aconteça eu acabo conseguindo. Tenho ou não que agradecer muito a Deus?

Todo ano faço shows na Vila do Pinheiro. Tenho vontade de fundar num futuro próximo uma instituição para fazer a minha parte e ajudar os meninos da Maré a ter uma vida melhor. Já vi até um espaço por ali. Quero usar a força do meu exemplo, mostrar que existe opção, para quem cresce ali, de também conquistar os seus desejos, inclusive materiais, através do trabalho. Eu tenho isso como uma missão.

No Natal e no Dia das Crianças faço apresentações, trago para o palco grupos locais como incentivo. A gente se apresenta num campo de futebol ou no Ciep[1] de lá, que tem uma quadra grande. Ou às vezes, como no último Natal, na rua mesmo. Este ano teve até Papai Noel chegando de helicóptero pela manhã, futebol à tarde e show à noite. E é o show completo, levo minha equipe, a banda, fico muito feliz com essas apresentações. É o meu presente, o que está ao meu alcance fazer, e contribuir para a alegria das crianças nesses dias, porque acho importante tanto o Dia das Crianças quanto o Natal.

Eu sempre torci para que fosse assim, que meu trabalho fosse forte o bastante para que as pessoas tivessem orgulho porque sou da Vila do Pinheiro. Então trabalho para fazer uma festa de verdade, com peso e até certo glamour. Batalho para que algo desse porte possa acontecer ali dentro. Meu desejo era poder trazer alegria para as pessoas com meu nome, meu trabalho, meu show. É isso que

---

1. Centro Integrado de Educação Pública, antigo colégio público estadual do Rio de Janeiro.

faço todo ano, e sinto que meus antigos vizinhos gostam de receber esse presente.

É muito bacana receber as famílias, distribuir presentes e bolo. Eu levo muita coisa, mas há empresas no entorno que também colaboram, com bicicleta, videogame, é uma festa, são dias incríveis para as crianças.

E uma das coisas que mais me fazem bem nesses eventos é, além da troca de carinho, a chance de dividir a minha verdade. Sei que tem gente que diz que eu mudei, fiquei mascarado e tal, mas na hora em que estou ali, olho no olho com a turma, isso vai embora rapidinho.

É sempre divertido ver a incredulidade de filhos de amigos de infância, que não acreditavam que eu era mesmo dali ou que conhecia os pais deles. Quando chego e dou um abraço, eles comentam "é amigo mesmo", quase assustados em ver aquele cara da TV e da rádio falando de igual para igual com o pai deles, normalzão. Chego sem segurança, sem nada, sou eu do jeito que sou mesmo, chego e sento com a galera, converso com todo mundo, jogo bola. Acho que ali é um local que as pessoas têm para me ver como sempre fui. No meio dos reencontros, acabo revendo alguns dos amigos que foram para o caminho do crime, não tem jeito. A maior parte deles infelizmente já se foi.

Esse é outro aspecto do recado que procuro dar. A realidade dali, e mesmo a minha trajetória, não são contos de fadas. O fato de eu ter vivido na pele tudo aquilo ali, tendo passado por várias situações extremas ao lado de gente que está ali, permite que eu transmita a mensagem de um jeito melhor, porque não é alguém de fora, com um histórico de vida com o qual eles não se identificam. Conheço algumas pessoas que falam muito e até retratam fielmente coisas da favela, mas que nunca viveram ali.

O Natal de 2013 foi especialmente tocante, pois foi o primeiro após a morte da minha mãe. Ela partiu num processo doloroso, um câncer agressivo que a levou muito rapidamente. Mesmo com a agenda cheia, eu dava um jeito de voltar correndo após os shows em outras cidades para estar perto dela e da família.

A dor dessa perda é infinita, mesmo para alguém que já viu muita gente boa ir embora antes da hora. Mas o que aprendi com dona Ivonete, a fé que ela me passou, o amor, o carinho, a confiança e o apoio tanto no meu trabalho quanto na vida pessoal, tudo isso cria uma força muito grande dentro de mim, e mesmo sem ela por perto fisicamente, a lembrança dela me dá mais força e alegria, e isso me traz sorrisos e não lágrimas.

Com tudo que Deus e a vida me deram, não posso lamentar. Foram muitas oportunidades, e graças a minha fé, dedicação e apoio da família eu cheguei onde estou. E não penso em parar! Não acredito em "aproveitar o momento", como se ele fosse uma coisa passageira. O momento é a gente que faz, e o melhor combustível é ralar cada vez mais. Com o DNA trabalhador que herdei do meu pai e a fé em Deus que recebi de minha mãe, nunca fiquei esperando as coisas acontecerem, sempre batalharei para conquistar o meu sonho. Levei muita porrada no caminho, mas aprendi que não é necessário abrir mão dos próprios valores e convicções para alcançar um resultado bacana, honesto, do qual você e quem você ama possam se orgulhar.

Hoje tenho uma vida mais confortável, as coisas vêm até mim sem que eu tenha que brigar tanto por elas. Isso só me faz olhar cada vez para mais longe, e ir atrás de novos objetivos para conquistar, e novas batalhas para vencer. Até hoje, quando estou no camarim me preparando para entrar no palco, já ouvindo aquele burburinho da plateia que sei que em alguns minutos vai explodir, ainda sinto o frio na barriga do menino da Vila do Pinheiro, que tanto quis convencer alguém a escutar o que ele tinha para mostrar. Obrigado por me permitir alcançar o meu sonho! E não se esqueça de que o seu também está ao seu alcance. *No flow!*

ORGANIZAÇÃO Gabriela Javier
PREPARAÇÃO DE TEXTO Zé Couto
REVISÃO Márcia Benjamin
PROJETO GRÁFICO E DIAGRAMAÇÃO Obá Editorial | Luciana Di Pompo
PROJETO DE CAPA Compañía
IMAGENS DE CAPA Beto Gati
IMAGEM DE MIOLO Rahul Tiwari/Thinkstock
CADERNO 1 Fotos do arquivo pessoal de Naldo Benny
CADERNO 2 Fotos 1, 2, 3, 4, 5, 6, 7, 8, 9 e 10 (Acervo de divulgação Naldo Benny), fotos 11, 12, 13, 14, 15, 16, 17, 18, 19 (Arquivo pessoal Naldo Benny) e 20 (Ivan Moura).

CIP-Brasil. Catalogação na Publicação
Sindicato Nacional dos editores de livros, RJ

Benny, Naldo, 1979-
Naldo: cada vez eu quero mais / Naldo Benny. - 1. ed. - São Paulo: Planeta, 2014.

ISBN 978-85-422-0342-4

1. Benny, Naldo, 1979-. 2. Cantores - Brasil - Biografia. I. Título.

14-13387 CDD-927.845
CDU-929:821.134.3(81)

2014

EDITORA PLANETA DO BRASIL LTDA.
Rua Padre João Manuel, 100 – 21° andar – cj. 2101 e 2102
Ed. Horsa II – Conj. Nacional – Cerqueira César
01411-901 – São Paulo – SP
www.editoraplaneta.com.br
atendimento@editoraplaneta.com.br

Este livro foi composto em Optima
para a Editora Planeta do Brasil
em julho de 2014.